RÈGLES ET USAGES

A OBSERVER

LE JOUR DU MARIAGE

PAR LES FIANCÉS

PAR LES PARENTS ET LES INVITÉS

PRÉCÉDÉS

DE TOUT CE QU'IL IMPORTE DE CONNAITRE DANS
LA QUESTION DU MARIAGE

Prix : 1 fr. 75. — Par la Poste : 1 fr. 95
(en mandat ou timbres-poste).

NANTES

Chez PAUL PLÉDRAN, Imprimeur-Éditeur,
5, quai Cassard.

RÈGLES ET USAGES

A OBSERVER

LE JOUR DU MARIAGE

PAR LES FIANCÉS

PAR LES PARENTS ET LES INVITÉS

PRÉCÉDÉS

DE TOUT CE QU'IL IMPORTE DE CONNAITRE DANS
LA QUESTION DU MARIAGE

Prix : 1 fr. 75. — Par la Poste : 1 fr. 95

(en mandat ou timbres-poste).

NANTES

Chez PAUL PLÉDRAN, Imprimeur-Éditeur,
5, quai Cassard.

PRÉFACE

Le mariage étant un des grands évènements de la vie, se célèbre toujours par des cérémonies et des fêtes auxquelles peu de personnes sont complètement initiées.

Aussi, les conseils donnés à cette occasion, sont, pour la plupart, de nature à faire tomber ceux qui les suivent dans des erreurs qu'il importe beaucoup d'éviter.

C'est afin de ne pas donner prise à la critique qui, en ce jour, plus qu'en tout autre peut-être, cherche une occasion réelle de s'exercer, que nous publions ce petit livre qui, aussi bien pour les Fiancés et leurs Parents que pour l'Assistance entière, sera un guide toujours bon à consulter.

RÈGLES ET USAGES

Par qui et comment se fait une demande en Mariage ?

Pour se conformer exactement à la règle, une demande en mariage se fait par les parents du jeune homme. A défaut du père et de la mère, par un oncle ou une tante ; enfin par les parents les plus proches. — Si le jeune homme était sans parents, ou si ceux-ci ne pouvaient le faire, il faudrait avoir recours à un ami d'un certain âge, autant que possible. Il ne serait pas convenable que le jeune homme fît lui-même sa demande en mariage. Cela ne se fait que pour une veuve, et encore faut-il que le prétendu et la veuve soient d'un certain âge ; c'est le seul cas où il n'y ait pas d'inconvenance.

Cette coutume a pour but de faciliter les arrangements d'intérêts, qui froisseraient souvent la personne directement en cause; de plus, si le jeune homme essuie un refus, ce refus est moins dur, passant par la bouche d'un intermédiaire.

Quand la demande est faite et les intérêts de dot et de position débattus, du moins pour les questions principales, le jeune homme se fait présenter officiellement chez les parents de la jeune fille.

La jeune personne n'est pas présente d'abord quand cette première visite a lieu. Sa mère l'appelle, ou, à défaut de celle-ci, son père ou ceux qui, si elle est orpheline, sont censés les remplacer : elle est prévenue d'avance, bien entendu. Il est de bon ton qu'elle s'avance gracieusement et qu'elle réponde par une simple révérence à l'annonce qu'on lui fait de la demande en mariage. Sa toilette est très simple, sans aucune prétention, mais irréprochable comme soins. Cette présentation a une plus grande influence qu'on ne pense sur l'esprit du Fiancé.

Du Dîner des Fiançailles.

Dans les premiers jours qui suivent cette

présentation, une visite est indispensable de la part des parents de la jeune fille, si c'est la mère du jeune homme qui a accompagné son fils. Ils en profitent pour convier à dîner la famille du Fiancé. C'est le dîner des fiançailles. Il est bien entendu qu'on invite également les proches parents des deux côtés et les personnes qui se sont occupées du mariage, en admettant qu'il ait été arrangé par des étrangers. Ce serait de la plus grande inconvenance d'agir autrement dans ce cas.

C'est à partir de ce dîner que les jeunes gens sont fiancés ; le jeune homme est admis à venir faire sa cour et offre en même temps la bague des fiançailles.

Quelle attitude une jeune fille doit-elle prendre après les Fiançailles ?

Dès que son Mariage est annoncé dans le monde, une jeune personne bien élevée ne se montre plus en public ; elle n'accepte, en fait d'invitations, que celles qui viennent de la famille de son futur ou de la sienne, bien entendu ; car toutes les relations avec les étrangers sont tout à fait rompues jusqu'au jour où les salons s'ouvrent de nouveau pour la signature, le dîner et la soirée du contrat. Et encore cet usage n'est-il pas général ; pour beaucoup de personnes, les réunions de famille donnent lieu à des réjouissances.

Quelle politesse incombe au jeune homme entre les Fiançailles et le jour du Mariage ?

Il est de règle que le futur envoie un bouquet blanc chaque matin à sa fiancée.

Il est de bon goût d'en envoyer également un à sa future belle-mère (en fleurs de couleurs, bien entendu).

Si la jeune personne a des sœurs âgées de plus de quinze ans, le Fiancé doit aussi leur envoyer un bouquet de temps en temps, mais bien plus petit ; celui de sa future femme est toujours le plus gros et le plus beau.

Par qui est offerte la corbeille de Mariage et de quoi se compose-t-elle ?

La corbeille de mariage est toujours offerte par le mari. Cette corbeille se compose : de bijoux, diamants, dentelles anciennes et modernes, cachemires des Indes, de robes en pièces selon la mode du jour, d'éventails de bal et de soirée (généralement au nombre de trois, dont un ancien et deux modernes), d'ombrelles, de flacons de poche, etc..., etc... Si sa fortune le lui permet, il peut joindre aux objets sus-énoncés tous les *bibelots* coûteux qu'il voudra.

Et Dieu sait si le choix en est grand! Il y a des porte-cartes, des jumelles de théâtre et de courses, des porte-monnaie, des petits sacs et bien d'autres encore.

Si le Fiancé n'est pas assez riche pour composer une corbeille de ce genre, il se borne à acheter le strict nécessaire, c'est-à-dire qu'il offre une parure en or, quelques mètres de dentelles et un châle que les femmes pratiques remplacent souvent par une confection à la mode.

En cas de rupture, la bague et le trousseau sont renvoyés.

Quelles autres dépenses incombent au Fiancé?

Le Fiancé achète les meubles, tapis, tentures, les chevaux et voitures, à moins que quelque parent ne s'en charge, ce qui arrive souvent dans les familles riches.

Par qui le trousseau doit-il être fourni?

C'est la maman de la jeune fille qui fournit le trousseau, c'est-à-dire la lingerie, tout le linge de la maison et des gens de maison et le linge de sa fille. Un trousseau de mariée (linge) varie depuis 200 francs, prix du trousseau modeste, jusqu'à 50.000 francs et plus.

Qui doit spécialement faire un cadeau au Fiancé ?

Les parents de la jeune personne font ordinairement un cadeau au Fiancé : c'est une belle bague, un chronomètre, une garniture de boutons de chemise, enfin un bijou quelconque à l'usage d'un homme.

Quelles personnes doivent faire des cadeaux aux Fiancés ?

Les amis intimes, les témoins, ainsi que les proches parents des Fiancés, sont presque obligés de leur faire un cadeau. L'argenterie domine, et le jeune ménage compte un peu sur cela pour se monter comme service de table. Chez les personnes de condition moyenne, il est permis de donner des objets en ruolz, comme une corbeille de table, un couvert à poisson composé des trois pièces, un service à huîtres, une cuiller à verre d'eau, des couteaux de dessert à lame d'argent, etc., etc.

Les jeunes amies brodent des coussins, font monter des petits tabourets, des écrans, des vide-poches, dont elles ont fait la tapisserie.

Il est toujours adroit de dire d'une façon détournée ce qu'on a l'intention d'offrir, afin de ne pas donner un objet qui a déjà été offert, ce qui arrive souvent.

Doit-on faire un cadeau aux personnes étran-gères qui ont pu s'occuper du Mariage?

Il est de règle absolue de faire un cadeau à ces personnes. Ce cadeau varie suivant la fortune de la famille; il est même quelquefois calculé sur la dot de la femme.

Quelle permission est nécessaire pour un Mariage entre catholique et protestant?

Une union entre catholique et protestant ne peut avoir lieu qu'avec l'autorisation de l'évêque du diocèse.

Quelle permission est nécessaire pour un Mariage entre catholique et israélite?

Pour les unions de ce genre, l'autorisation du pape est nécessaire. — Les formalités à remplir sont indiquées à l'Evêché du diocèse.

Quelles causes peuvent retarder un Mariage?

En cas de mort de père ou de mère, un Mariage est toujours reculé de toute la durée du deuil, à moins d'intérêts de fortune ou de position tels, qu'un sursis serait impossible. Il est inutile de dire que, dans des circonstances pareilles, il n'y a pas de fêtes, ni pour le contrat, ni pour le Mariage.

Les Mariages à la Mairie et à l'Eglise doivent-ils avoir lieu le même jour?

Il entre de plus en plus dans les habitudes du monde de faire précéder de quelques jours le Mariage à l'Eglise du Mariage à la Mairie. Dans les classes élevées, cela se fait ainsi; dans les classes laborieuses, les Fiancés sont occupés toute la journée et ne peuvent disposer de deux jours pour se marier; ils sont donc obligés d'accomplir les deux cérémonies le même jour. Il est d'usage, dans le premier cas, de ne point amener à la Mairie les personnes de la noce; les témoins et les parents seuls y assistent.

Qui doit-on choisir pour Garçon d'Honneur?

Le Garçon d'Honneur doit être un des frères

du Marié ; à ce défaut, un de ses amis peut en remplir l'office.

Qui doit-on choisir pour Demoiselle d'Honneur?

Les Demoiselles d'Honneur sont prises parmi les sœurs de la Mariée ou celles du Marié. — A défaut de celles-ci, la Demoiselle d'Honneur est choisie parmi les amies de la Mariée.

DE LA TOILETTE

Quelle Toilette convient pour le Mariage à la Mairie, s'il n'a pas lieu le même jour qu'à l'Église?

Le Marié et la Mariée se rendent ensemble à la Mairie: le Marié en redingote, et la Mariée en toilette de ville de couleur neutre et en chapeau fermé, si le Mariage à la Mairie se fait quelques jours avant le Mariage à l'Eglise; dans l'autre cas, ils sont bien forcés de s'y rendre dans la tenue adoptée pour l'Eglise, à moins, ce qui se fait très souvent à Paris, qu'ils n'aient pris leurs dispositions pour se marier à la Mairie à 9 heures du matin et à l'Eglise à 1 heure.

*Quelle doit être pour l'Eglise la Toilette de la
Mariée si elle n'a pas 20 ans?*

Il est d'usage que la jeune femme (car elle est
femme par le Mariage civil), soit vêtue de blanc
aussi richement qu'elle le désire ; cependant les
bijoux lui sont interdits, excepté les perles qui
brillent d'un éclat modeste et sont synonymes de
pureté. Si la Mariée n'a pas 20 ans, la couronne
doit être toute en boutons d'oranger.

Cette couronne, ainsi que les bouquets et
garnitures d'oranger, sont ordinairement offerts
par quelqu'un de la famille.

*Que doit être la Toilette si la Mariée a dépassé
sa vingtième année ?*

Si la Mariée a dépassé sa vingtième année,
elle doit être la même que ci-dessus, avec
cette différence que la couronne est mélangée de
fleurs d'oranger très épanouies, laquelle, de
même que les bouquets et garnitures d'oranger,
sont aussi, ordinairement, offerts par quelqu'un
de la famille.

Si la Mariée a dépassé la trentième année, que doit être sa Toilette?

Une demoiselle qui a dépassé la trentaine ne se marie pas en blanc. Ceci dit uniquement pour mentionner un usage adopté, mais, comme Mme de Géry, dans son *Nouveau Traité de Savoir-Vivre :* « Je suis de l'avis de cet homme d'esprit qui a dit que la femme n'avait jamais que l'âge qu'elle semblait avoir, et j'engage vivement à s'en tenir à cet aimable compromis. L'usage veut, dans ce cas, que la mariée soit en robe de couleur sombre et en chapeau blanc. A ce chapeau est attaché un bouquet d'oranger très petit et mélangé d'autres fleurs ou de plumes. »

Quelle doit être la Toilette de la Mariée si elle est veuve?

Le mariage d'une veuve se fait également sans éclat; les témoins et les très proches parents y sont seuls invités. Elle doit être vêtue de gris ou de lilas, et encore cela dépend de son âge. Si elle fait quelques invitations, soit pour un lunch immédiatement après la cérémonie, soit pour le dîner, ce n'est jamais au restaurant, ce serait de fort mauvais goût. Ces invitations sont, du reste, fort restreintes, elles ne doivent pas dépasser dix ou douze personnes, y compris les témoins. Le lunch ou le dîner a lieu chez ses parents, chez elle ou chez son mari, s'il a un état de maison.

Si la Mariée dont nous nous occupons ici faisait partie d'une classe modeste ou ouvrière, nous ne verrions pas à mal que le dîner fut fait au restaurant, sans éclat et comme il vient d'être dit.

Comment la Demoiselle d'Honneur doit-elle être habillée pour la messe ?

Une Demoiselle d'Honneur, à la messe, doit être en toilette claire et gantée de blanc: le soir, au dîner et au bal, elle doit être en toilette de soirée. Une toilette de ville peut se transformer en toilette de soirée, en l'ouvrant un peu et en y ajoutant quelques fleurs.

Quelle Toilette doivent avoir les Dames invitées à la messe seulement ?

Les Dames invitées à une messe de Mariage doivent être en toilette de ville, selon la saison.

Comment doit être la Toilette du Marié ?

Le Marié doit être en habit noir, en cravate

blanche et en gants paille. La redingote noire
avec le pantalon noir ne convient pas du tout
pour la circonstance. — L'habit bleu à boutons
d'or est aussi admis.

Quelle Toilette doit avoir le Garçon d'Honneur?

Le garçon d'honneur doit être en habit, en
cravate blanche, et être ganté gris paille.

Quelle Toilette doivent avoir les Témoins ?

Comme le Marié et le Garçon d'honneur, les
témoins doivent aussi être en habit noir, en
cravate blanche et avoir des gants paille.

*Quelle doit être la Toilette des Messieurs
invités à la messe seulement ?*

Les Messieurs qui ne doivent assister qu'à la
messe de mariage doivent s'y présenter en
redingote noire et en pantalon de fantaisie.

*Quelle Toilette doit être celle des Messieurs
invités à la noce entière?*

Les Messieurs, en ce cas, doivent, à la messe,
être en redingote et en pantalon de fantaisie,
absolument comme ceux qui ne sont invités

qu'à la messe. Mais, comme il ne peut pas toujours leur être possible de changer de mise, la toilette de soirée : habit noir, cravate blanche et gants paille leur est tolérée, bien que, rigoureusement, il ne doit exister en costume de soirée que le marié, le garçon d'honneur et les quatre témoins.

RENSEIGNEMENTS DIVERS

*Formalités à remplir par les futurs Époux
quand le Mariage est décidé.*

Aussitôt que le Mariage est décidé, les futurs époux doivent, si cela leur est possible, se rendre à la Mairie de la commune où ils sont nés pour retirer par avance leur acte de naissance.

S'ils n'étaient pas nés dans l'arrondissement où le mariage doit être célébré, ils devront écrire au Maire de leur commune natale pour demander cet acte, ou, mieux, au Greffier du Tribunal civil de l'arrondissement de leur naissance, à cause de la légalisation de la signature.

Cette demande devra être accompagnée d'un mandat-poste de 3 francs.

Si on avait à faire la demande d'un acte de

décès, la même somme de 3 fr. serait nécessaire ; mais s'il s'agissait de l'obtention d'un acte de Mariage d'un père ou d'une mère, il y aurait lieu, pour chaque acte de Mariage demandé, d'envoyer un mandat-poste de 3 fr. 50 au minimum.

Ces envois doivent toujours être faits en un mandat-poste ; jamais en timbres-poste.

Durée des publications par affiches à la Mairie de chacun des Conjoints.

L'affichage du Mariage a lieu, dans un tableau à ce destiné, à la porte de la Mairie de la commune de chacun des Conjoints.

La durée de cet affichage est de *onze jours ;* elle part du dimanche qui suit la déclaration, et se termine le mercredi qui suit immédiatement le deuxième dimanche.

Pièces à fournir, par les Fiancés, à la Mairie de leur résidence pour les publications du Mariage ?

Pour les publications à faire à la Mairie des communes habitées par chacun des Fiancés, il faut se présenter au bureau de l'Etat-Civil dans les premiers jours de la semaine ; toutefois, jamais le samedi, afin de ne pas s'exposer à un retard de huit jours.

Après avoir fait la déclaration qu'on se présente relativement à un mariage, on remet à l'officier de l'état-civil les pièces nécessaires en raison des circonstances dans lesquelles se trouvent les Conjoints, et qui sont énumérées ci-après :

1° Actes de naissance des futurs ;

2° La dispense d'âge, s'il y a lieu ;

3° La dispense de parenté ;

4° L'acte notarié donnant le consentement des pères et mères *non présents au mariage,* ou des personnes qui les remplacent, ou du Conseil des hospices pour les enfants trouvés ;

5° Les actes respectueux, s'il en a été fait ;

6° Les pièces justificatives qui empêcheraient de représenter le consentement ou le conseil des pères et mères ou autres ascendants ;

7° Le certificat de publication ;

8° L'acte constatant la main-levée des oppositions, s'il en a été fait ;

9° Les extraits d'actes de décès qui auraient amené la dissolution de mariages précédents contractés par les futurs époux ;

10° Un certificat pour chacun des futurs,

délivré par le commissaire de l'arrondissement, attestant qu'on habite la demeure actuelle depuis au moins six mois;

11° Un certificat du notaire rapporteur, s'il existe un contrat de mariage;

12° L'acte de naturalisation, si on est étranger;

13° Les *militaires* doivent produire, avec leur acte de naissance, un certificat du Conseil d'administration de leurs corps, constatant qu'ils ont déclaré leur futur mariage et qu'il n'existe pas d'empêchement.

Pièces à fournir à l'Eglise de la Paroisse de chacun des Conjoints pour la Publication des Bans.

Après que les Fiancés ont fait à leurs Mairies respectives les démarches nécessaires pour *se faire afficher*, ils doivent, munis d'une pièce qui leur est remise à la Mairie, se présenter à M. le Curé de leurs Paroisses respectives pour la publication des Bans, lesquels ont lieu au prône de la grand'messe pendant trois dimanches consécutifs.

Toutefois, ils peuvent, en se conformant à un tarif spécial, réduire ces publications à une seule.

Ce que doivent faire les Conjoints si, étant mineurs quant au mariage, ils n'habitent pas le lieu où est fixée la résidence de leurs parents, ascendants ou tuteurs.

En ce cas, si le futur époux n'a pas vingt-cinq ans révolus, âge qui constitue sa majorité quant au Mariage, il doit, suivant les circonstances, pour la publication de ses bans, produire à la Mairie du lieu de sa naissance, une série de pièces qui lui seront désignées à la Mairie du lieu où il réside.

De son côté, si la future épouse n'a pas atteint sa vingt-unième année, elle se trouve mineure quant au Mariage, par conséquent, elle aussi, pour la publication de ses bans, doit produire à la Mairie du lieu de sa naissance, les pièces qui lui seront désignées.

Sans un certificat constatant que ces publications ont eu lieu le Mariage ne pourrait s'effectuer.

Les bans devront aussi se faire à la paroisse du lieu de la naissance de chacun des conjoints. — M. le Curé de la paroisse qu'ils habitent les initiera sur la production des pièces.

De la Publication des Bans à l'Eglise du lieu de la naissance de chacun des Conjoints, s'ils sont mineurs quant au Mariage.

Si les Conjoints ne sont pas majeurs quant au Mariage, c'est-à-dire si le Fiancé n'a pas atteint sa vingt-cinquième année, et la future épouse sa vingt-unième année, il est nécessaire que, dans la paroisse du lieu respectif de leur naissance, les publications au prône du dimanche aient lieu. Mais, comme pour celles qui doivent se faire à la paroisse du lieu de leur résidence, elles peuvent être réduites *à une seule publication*, en se conformant au tarif spécial que M. le Curé leur fera connaître, s'ils en témoignent le désir.

Ce que les Conjoints doivent faire, quand le jour du Mariage à la Mairie est fixé.

Aussitôt que les Conjoints connaissent le jour fixé pour leur Mariage à la Mairie, et surtout si ce Mariage n'avait pas lieu le même jour que celui à l'Eglise, ils doivent choisir quatre témoins parmi les parents ou les non-parents, afin que ceux-ci se réunissent à eux et à leur famille, aux jour et heure indiqués, à la

Mairie. Sans la présence de ces quatre témoins,
dont la signature est indispensable, M. le Maire
ne pourrait accomplir les formalités légales de
leur Mariage, la loi étant formelle à cet égard.

Les Conjoints pourraient, s'ils le désiraient,
se marier à la Mairie à des heures différentes
de celles habituelles. — En ce cas, ils auraient
à payer, suivant les heures adoptées, un droit
prélevé au profit des pauvres de la commune.

*Ce que les Conjoints doivent faire, quand le
jour du Mariage à l'Eglise est fixé.*

Quand le jour du Mariage à l'Eglise est fixé,
les Conjoints doivent, de concert avec leur
famille, dresser deux listes : l'une mentionnant
les personnes ou les familles qu'on désire
inviter à la Bénédiction nuptiale seulement ;
l'autre, contenant le nom des personnes ou des
familles qu'on serait désireux de voir assister
et à la Bénédiction nuptiale, et au Repas de
noces.

Ces listes dressées, on énumère le nombre
des familles invitées pour la Bénédiction nuptiale et le Repas ; puis on se rend chez un
imprimeur pour l'impression des Lettres
d'Invitations, lesquelles doivent toujours être

adressées assez tôt pour que les invités puissent faire honneur auxdites invitations, suivant les convenances nécessaires dans des circonstances aussi solennelles. — On doit, dans ces lettres, éviter l'application de chiffres entrelacés, qui, en ce cas, sont d'un fort mauvais goût.

Deux modèles de lettres doivent exister : l'un, conviant à la Bénédiction nuptiale exclusîvement; l'autre, sur lequel figure l'invitation à la Bénédiction nuptiale et au repas.

Des Invitations à la Bénédiction nuptiale.

La plupart du temps, le nombre des Invitations à la Bénédiction nuptiale est assez grand, et il ne serait pas toujours facile de se rendre dans toutes les familles amies ou avec lesquelles on est en rapport pour faire ces invitations verbales. — Si, par manque de temps, on était contraint d'en éliminer, il convient de savoir bien discerner celles pour lesquelles il importe que l'invitation en personne ait lieu, car, la courtoisie exigeant qu'il en soit ainsi, on s'exposerait, en ne le faisant pas, à des déboires de nature souvent à rompre toutes relations dans l'avenir, ce qu'il faut éviter avec soin.

Des Invitations au Repas.

Si, pour la Bénédiction nuptiale, et par raisons majeures, quelques familles étaient exceptées dans l'invitation verbale que les convenances exigent, il n'existe aucun motif valable pour que les familles qu'on désire voir figurer au Repas ne soient pas invitées suivant les règles, lesquelles consistent à leur faire une visite aussi cérémonieuse que le comporte la situation.

Cette visite n'exclut pas l'envoi de la lettre d'invitation imprimée, qui mentionne l'invitation à la Bénédiction nuptiale et au Repas.

Du Billet de Confession.

Personne n'ignore que la célébration du Mariage à l'Eglise ne peut avoir lieu que sur la production, par les Conjoints, du Billet de Confession.

Il importe donc quand on se confesse en vue d'un Mariage, de le déclarer à l'ecclésiastique, afin qu'après avoir entendu la confession, il puisse se rendre à la sacristie pour délivrer le billet dit *de confession*, attesté par lui-même, et sans lequel, nous le répétons à dessein, le Mariage ne saurait être célébré.

Que chacun des Conjoints ne l'oublie pas, car cet oubli de leur part pourrait occasionner un retard et d'autres ennuis qui en seraient la conséquence, pour soi-même et pour les invités.

De l'Acte de Première Communion.

Si le Mariage devait avoir lieu dans un diocèse autre que celui qu'on habite, il serait bon de se munir de cet acte qui, en ce cas, a une importance aussi grande que le billet de confession ; cette formalité coûte peu ; aussi insisterons-nous pour qu'on ne la néglige pas, afin d'éviter les ennuis graves qui pourraient résulter de la non-présentation de cette pièce.

De l'Anneau matrimonial.

L'Anneau matrimonial ou Alliance doit être acheté assez à temps pour permettre au joaillier qui en a fait la vente d'y faire graver les initiales des Conjoints, ainsi que la date de la célébration du Mariage à l'Eglise.

De même que le billet de confession, cet anneau et la pièce de mariage, ne devront pas être oubliés, car ils doivent être bénits par le prêtre au cours de la cérémonie. L'anneau est ensuite remis au Fiancé, lequel, sur l'invitation du célébrant, le passera lui-même à l'annulaire gauche de la Fiancée qui en restera possesseur.

De la Piéce de Mariage.

La Pièce de Mariage est, en raison des fortunes, une médaille spéciale en or ou en argent, de grand ou de petit module. La plupart du temps, cette Pièce est achetée en même temps que l'Anneau matrimonial, et, comme lui, laissée au joaillier, pour qu'il y puisse faire graver la date du Mariage à l'Eglise, ainsi que les noms des Conjoints.

Cette Pièce, de même que l'Alliance, doit être apportée à l'Eglise, car elle doit y être bénite, et, en raison des usages locaux, être exposée aux yeux de l'assistance, appuyée sur le cierge allumé placé devant les jeunes époux.

Il va sans dire que cette exposition ne doit préoccuper en rien les Conjoints ; elle fait partie des attributions qui incombent au sacristain, et auquel, ainsi qu'à tout autre employé de l'Eglise à l'occasion du mariage, il est remis une gratification, non exigible toutefois, qui varie en rai-

son de la générosité des Conjoints et leur position de fortune.

A quelle paroisse le Mariage doit-il être célébré.

Il est d'usage de se marier à la paroisse de
la Fiancée. Si l'on a des raisons pour se marier
à une autre paroisse, il faut en faire la demande
au curé de celle où l'on devait se marier, et en
cas de refus, s'adresser à l'archevêque ou à
l'évêque du diocèse, en spécifiant les raisons qui
vous forcent à agir contrairement aux usages. Il
est convenable de faire ces sortes de démarches
soi-même ou de les faire faire, en cas d'empêchement, par un très-proche parent.

DU JOUR DU MARIAGE

Le départ du Fiancé chez sa Fiancée.

Le Fiancé, le jour du Mariage, de même que les membres les plus proches de sa famille, doivent, dès la veille, avoir pris toutes les précautions nécessaires, afin de pouvoir, au domicile de la Fiancée, assister à la réception des invités, lesquels doivent arriver au moins une demi-heure avant le départ pour la Mairie ou pour l'Eglise, suivant les cas. — Il importe donc, pour les Conjoints, de bien préciser l'heure au cocher, et même de la devancer, afin que le défaut de voiture ne soit pas l'objet d'un retard qui, en cette circonstance, serait une faute grave, susceptible d'être mal interprétée.

La Fiancée avant le départ pour la Mairie.

S'il est recommandé au Fiancé et à sa Famille d'être ponctuels pour arriver à l'heure convenable chez la Fiancée, il est bien entendu qu'à son tour, celle-ci, avec sa famille, doit être entièrement prête pour les recevoir.

Les uns comme les autres doivent donc être présents pour recevoir les premiers invités ; leur présence y est absolument indispensable.

La réception des Invités au Domicile de la Fiancée.

Les invités qui doivent assister à la Bénédiction nuptiale et au Repas sont les seuls dont l'obligation est de se présenter au domicile de la Fiancée, pour de là se rendre à la Mairie et à l'Eglise dans les voitures faisant file, c'est-à-dire formant cortége.

Ces invités, auxquels naturellement on doit faire honneur, doivent être reçus, nous le répétons, par les Fiancés et leur parents, et il convient, s'il y a lieu, de leur présenter les personnes présentes, pour que, dès le début, on entre en connaissance afin de passer ensemble une journée agréable. Cette précaution est bonne ; car, en raison des tempéraments, certaines personnes ne se produisent qu'avec beaucoup de réserves.

DÉPART POUR LA MAIRIE

Ordre de départ du domicile de la Mariée.

Lorsque l'heure pour se rendre à la Mairie a sonné, il convient de ne pas séjourner plus longtemps à la Maison, afin de ne pas faire attendre M. le Maire dont la présence ailleurs pourrait être nécessaire. Si donc des Invités, pour des causes quelconque, arrivaient en retard, ils ne pourraient accuser personne de ne pas les avoir attendus pour la mise en route, le fait de ce retard leur étant tout personnel.

Avant de quitter l'appartement, le moment est

venu pour le Fiancé de faire hommage d'un bouquet à sa Fiancée, afin que celle-ci en soit possesseur en arrivant à sa voiture. Ce bouquet doit être entièrement blanc.

L'ordre à suivre pour la sortie de la Maison doit avoir lieu comme suit pour les deux premières voitures :

1° La Mariée et son père.

2° La mère de la Mariée et le premier témoin.

3° Le Marié et sa mère.

4° Le père du Marié et un témoin ou toute autre personne à qui on désire faire honneur.

5° Les autres invités et parents.

Personnes prenant place dans la voiture de la Mariée, en allant à la Mairie.

Dans la voiture de la Mariée, stationnant devant la maison, viennent successivement prendre place, savoir :

1° La Mariée, à laquelle son père offre la main ; elle va occuper la place du fond à droite, par conséquent, assise ainsi, elle a le visage tourné vers les chevaux ;

2° En face de la Mariée se place son père ;

3° A côté d'elle, se place sa mère ;

4° En face de cette dernière, se place le premier témoin.

La portière étant fermée, cette voiture s'éloigne et va prendre sa place de stationnement, toujours bien connue des cochers spéciaux aux cérémonies des Mariages.

Personnes prenant place dans la voiture du Marié, en allant à la Mairie.

Dans la deuxième voiture, qui vient remplacer celle de la Mariée, viennent successivement prendre place, savoir :

1° Le Marié ; il va se placer au fond de la voiture à gauche, le visage tourné vers les chevaux ;

2° La mère du Marié ; elle se place à côté de son fils ;

3° Le père du Marié, lequel s'assoit en face son fils ;

4° Le deuxième témoin ou la personne à laquelle on tient à faire honneur, lequel occupe la place libre faisant face à celle de la mère du Marié.

L'Ordre des voitures après celles des Fiancés en se rendant à la Mairie.

Dans les voitures qui suivent les deux premières, se placent les autres personnes, d'après les règles de l'étiquette qui régit le monde, lesquelles ici régnent absolument.

Les Demoiselles et les Garçons d'Honneur n'ayant pas de voiture spéciale se placent comme les autres parents et les invités.

Toutefois, il est bon d'observer que le fond des voitures doit être réservé pour les personnes âgées ou pour les Dames, et que, par conséquent, les jeunes gens doivent occuper les places du devant ; ils doivent mettre pied-à-terre les premiers, afin de faciliter la descente de voiture aux dames ou à leurs aînés dans la vie en leur offrant la main.

L'Ordre de marche pour la Mairie quand, dans les petites villes ou à la campagne, on s'y rend à pied.

1° La Mariée et son père ;

2° La mère de la Mariée et le premier témoin ;

3° Le Marié et sa mère ;

4° Le deuxième témoin avec une parente de la Mariée ;

5° Le troisième témoin avec une autre parente ;

Le quatrième témoin également avec une parente ou une amie du Marié ou de la Mariée.

7° Les parents (hommes) avec des invitées, etc., etc., etc.

ARRIVÉE A LA MAIRIE

Par qui la Mariée est-elle conduite dans la salle des Mariages ?

Les voitures arrivent à la file devant la Mairie dans l'ordre du départ de la maison.

La première voiture est donc celle de la Mariée, de laquelle descend d'abord le premier témoin qui présente la main à la mère de la Mariée, pour l'aider à en descendre à son tour.

Puis, descend le père de la Mariée, qui aussi facilite la descente de sa fille en lui présentant la main.

Cette voiture se met en marche pour aller occuper sa place de stationnement, comme des cochers ; puis s'avance la deuxième voiture de laquelle sort d'abord le second témoin qui présente la main à la mère du Marié ; puis le père du Marié et son fils.

Cette deuxième voiture va occuper sa place de stationnement ; elle est remplacée par la troisième voiture, puis par la quatrième et ainsi de suite.

Au fur et à mesure de la descente de voiture, on se dirige vers la salle des mariages : la Mariée est conduite par son père ou celui qui en tient lieu ; les Messieurs des autres voitures offrent le bras aux Dames de leurs voitures respectives ou à celles qui, par circonstance, peuvent se trouver sans cavalier.

Places occupées devant M. le Maire par les Conjoints, leurs Parents et les Témoins.

En arrivant dans la salle des Mariages, chacun prend, en attendant l'arrivée de M. le Maire, la place qu'il juge à propos parmi les sièges disponibles, en ayant soin de se grouper, autant que possible, afin que la société d'un Mariage ne se trouve pas confondue avec celle d'un autre Mariage, pour le cas où plusieurs Mariages devraient avoir lieu successivement.

Après que M. le Maire, accompagné d'un Secrétaire, a pris place à son fauteuil, il est fait appel d'un premier Mariage.

A cet appel, les Fiancés, les Parents et les Témoins s'avancent pour occuper devant M. le Maire, la place qui leur est assignée : la fiancée a son fiancé à sa droite ; les parents du fiancé se placent du côté de leur fils; les parents de la fiancée, du côté de leur fille. Les témoins se placent : ceux du fiancé, près des parents du fiancé; ceux de la fiancée, près des parents de la fiancée.

Lorsque les sièges sont ainsi occupés, M. le Maire procède à la cérémonie du Mariage, après s'être assuré que les personnes nécessaires à cette célébration sont présentes.

A la question solennelle posée par M. le Maire à chacun des conjoints : *Promettez-vous de prendre pour époux* (ou pour épouse), etc., le OUI donné pour réponse, et sans lequel le mariage ne pourrait être conclu, devra être prononcé d'une voix ferme, non-seulement pour être entendu de M. le Maire, mais aussi des personnes groupées autour des Conjoints.

Après la déclaration faite par M. le Maire : *Au nom de la loi, vous êtes unis par le mariage,* on se dirige vers les registres tenus par

M. le Secrétaire, lequel, après lecture faite de l'acte du Mariage qui vient d'être célébré appelle tour-à-tour à signer ledit acte : les jeunes Mariés et les quatre témoins (parents ou non-parents).

Ces signatures apposées, toutes les formalités nécessaires pour le Mariage civil sont accomplies, et les jeunes Mariés reçoivent de l'officier de l'Etat-Civil un bulletin portant un timbre municipal, attestant que le Mariage civil a eu lieu.

Ce bulletin est destiné à être remis à l'Eglise avant la célébration du Mariage religieux : c'est donc une pièce importante, car, faute de ne pouvoir être remise, le mariage religieux ne saurait être célébré.

Le Mariage à la Mairie ne coûtant rien, il convient, en ce cas, de ne pas oublier les pauvres, et de déposer une offrande en leur faveur dans le tronc à ce destiné ; il est de bon goût aussi de donner quelques pièces aux gens de service de la Mairie.

SORTIE DE LA MAIRIE

*Dans quel ordre doit-on quitter la salle des
Mariages pour remonter en voiture et se
rendre à l'Eglise.*

La sortie de la Salle des Mariages pour
regagner les voitures en stationnement et se
rendre à l'Eglise s'effectue exactement comme
au départ pour la Mairie ; par conséquent,
marchent en tête :

1° La Mariée, conduite par son père ou celui
qui en tient lieu ;

2° La mère de la Mariée et le premier
témoin ;

3° Le Marié et sa mère ;

4° Le deuxième témoin avec une parente de
la Mariée ;

5° Le troisième témoin avec une autre parente.

En un mot, il faut quitter la Mairie avec les personnes avec lesquelles on y est entré.

Places occupées dans les voitures pour se rendre à l'Eglise.

Les voitures venant prendre la même place à tour de rôle, chacun remonte dans la voiture dans laquelle il se trouvait en arrivant à la Mairie, pour y occuper la même place.

Dans la première voiture se trouvent donc la Mariée, son père, sa mère et le premier témoin.

Dans la deuxième, le Marié et sa mère ; le père du Marié et le deuxième témoin ;
Et ainsi pour toutes les autres voitures.

Dans quel ordre se rendrait-on à l'Eglise si on y allait à pied ?

Si on se rendait à l'Eglise à pied, l'ordre de marche serait le même que celui adopté pour se rendre à la Mairie ; par conséquent, en quittant la salle des Mariages, l'ordre serait ainsi rétabli :

La Mariée donnerait le bras à son père ;
La mère de la Mariée au premier témoin ;
La mère du Marié à son fils ;
Une parente de la Mariée au premier témoin ;
Une autre parente au deuxième témoin ;
Une autre parente au troisième témoin.
Etc., etc., etc.

ARRIVÉE A L'ÉGLISE

Par qui la Mariée doit-elle être conduite à l'autel?

En arrivant devant la porte de l'Eglise, la première voiture s'arrête ; le premier témoin en descend d'abord, et offre sa main à la mère de la Mariée pour l'aider à en descendre à son tour : puis le père de la Mariée met pied à terre et aide sa fille à descendre ensuite.

Cette première voiture s'éloigne et est remplacée par la deuxième voiture.

De cette deuxième voiture descend d'abord le deuxième témoin, puis le père du Marié qui aide sa dame à en descendre ; puis enfin le marié.

Les Messieurs doivent toujours faciliter la sortie de voiture aux Dames de leurs voitures respectives, en leur offrant la main.

Lorsque les Invités de la dernière voiture en sont descendus, la Mariée, auquel le père donne la main, se dirige vers l'autel où le Mariage doit être célébré, suivis, dans l'ordre de l'arrivée des voitures, des invités faisant partie du cortège ; les Messieurs offrent le bras ou la main aux Dames.

A qui le Marié doit-il offrir le bras en se rendant à l'autel ?

Le Marié se trouvant dans la même voiture que sa mère, c'est à celle-ci, par conséquent, qu'il doit offrir le bras pour s'acheminer vers l'autel.

Quelle place doivent occuper les Mariés devant l'autel ?

En arrivant devant l'autel où le Mariage doit être célébré, les jeunes époux vont occuper les deux prie-Dieu qui leur sont destinés, et que leur indique d'ailleurs le sacristain ou le suisse, qui les a précédés de la porte de l'église à l'autel même : la jeune Mariée occupe celui des prie-Dieu qui lui permet d'avoir son Fiancé à sa droite.

Aussitôt agenouillés, la première chose que les Mariés doivent faire est de se déganter, afin de ne pas faire attendre le prêtre quand celui-ci, après avoir béni l'anneau, le remet au Marié. En recevant l'anneau, le Marié s'incline, et le passe au doigt annulaire de la main gauche de la Mariée.

Quand le prêtre qui doit conférer le sacrement du Mariage arrive à l'autel, le moment est venu, si les usages locaux l'autorisent, de remettre *la pièce de Mariage* au sacristain, qui, d'ailleurs, ne manque jamais de la demander aux jeunes époux. — On lui remet aussi dans le plateau *ad hoc*, et sur sa demande, l'anneau nuptial qui doit, comme la pièce de mariage, recevoir la bénédiction du prêtre; puis, le prêtre officiant, ayant pris connaissance du bulletin délivré à la Mairie, attestant que le Mariage civil a eu lieu, et reçu des conjoints les billets de confession, rien ne s'opposant plus à la célébration du Mariage religieux la cérémonie sacramentelle qui doit unir les jeunes époux commence.

A l'Eglise comme à la Mairie, il importe qu'aux questions obligatoires faites tour à tour par le prêtre aux jeunes époux, pour savoir s'ils consentent à s'unir par les liens du mariage, chacun d'eux, réponde par un OUI parfaitement accentué.

Le prêtre alors prononce les paroles sacramentelles qui, au nom de l'Eglise, unissent les époux et leur donne la bénédiction nuptiale.

La cérémonie du Mariage religieux est complétée par la messe, dite aussitôt à l'intention des nouveaux mariés.

De la quête à l'Eglise.

Lorsque le moment de faire la quête est venu, le plateau est apporté par le sacristain au garçon d'honneur ; celui-ci, à son tour, le présente à la demoiselle d'honneur et il la conduit, en lui offrant la main, dans les rangs de l'assistance pour en recueillir les offrandes.

Quelles places sont occupées à l'Église par les Invités ?

Les invités du Marié se placent à droite de

la chapelle où se célèbre le mariage; ceux de la Mariée, à gauche.

Cette règle est de rigueur, car une erreur même involontaire pourrait être très désagréable à la famille au préjudice de laquelle elle serait commise.

Qui conduit la Mariée à la Sacristie?

Quelques minutes après que le prêtre a quitté l'autel, les deux époux, sur l'invitation qui leur en est faite par le suisse ou le sacristain, se lèvent pour se rendre à la sacristie signer l'acte de leur mariage religieux.

La Mariée, conduite par son père, marche en tête; ils sont suivis de leurs parents, et des invités qui, ayant assisté à la Bénédiction nuptiale, veulent bien les y accompagner.

Les personnes faisant partie du cortège précèdent les autres invités, et cela dans le même ordre que pour entrer à l'église.

Quelles personnes signent sur les registres à la Sacristie?

A la Mairie, comme on le sait, il n'y a que les jeunes époux et les quatre témoins qui sont appelés à signer sur les registres de l'état-civil.

Il n'en est pas de même à la sacristie où toutes les personnes présentes, hommes et femmes, peuvent apposer leur signature sur le registre où l'acte du mariage religeux vient d'être rédigé par le prêtre qui a conféré le sacrement.

La coutume, dans beaucoup de localités, est, en signant, de déposer discrètement sous le registre un modeste hommage en faveur de l'ecclésiastique ; cet usage, n'étant pas une règle, est laissé à la liberté de chacun.

Par qui la Mariée est-elle reconduite à sa voiture, en quittant la Sacristie.

La Mariée, en quittant la Sacristie, donne le bras au père de son mari, et ouvre la marche ; ils sont suivis par les parents et les invités, qui conservent, pour la sortie de l'Eglise, le même ordre qu'on avait adopté pour se rendre de l'Autel à la Sacristie.

A qui le Marié donne-t-il le bras en quittant la Sacristie.

Le Marié en quittant la Sacristie offre le bras à sa belle-mère.

DÉPART DE L'ÉGLISE

Personnes occupant la première voiture en quittant l'Eglise.

Dans la première voiture, qui s'est avancée près la porte de l'Eglise, montent successivement :

1° La mariée ; elle prend place au fond à droite ;

2° Le marié ; il prend place à côté d'elle ;

3° Le père du marié ; il se place devant, en face la mariée ;

4° La mère du marié ; elle se place devant, en face le marié.

Personnes occupant la deuxième voiture en quittant l'Eglise.

Après que la première voiture s'est éloignée de quelques mètres, la deuxième voiture vient, à son tour, se placer à la porte de l'Eglise.

Dans cette deuxième voiture montent :

1° La mère de la mariée ; elle se place au fond à droite.

2° Le père de la mariée ; il se place à côté de sa femme ;

3° Le premier témoin ; il se place sur le devant en face la mère de la mariée ;

4° Le deuxième témoin ; il se place sur le devant vis-à-vis le père de la mariée.

Personnes occupant la troisième voiture et les suivantes, en quittant l'Eglise.

La deuxième voiture ayant pris la file derrière la première, la troisième voiture s'avance.

Cette voiture, de même que toutes celles qui suivent, devra être occupée par les mêmes personnes qui s'y trouvaient placées pour se rendre à l'Eglise.

*Ordre du départ de l'Eglise si le trajet
doit s'effectuer à pied.*

Si le trajet qui sépare l'Eglise de la maison où
le repas doit avoir lieu se faisait à pied, voici
dans quel ordre s'effectuerait ledit trajet :

1° La Mariée et le père de son mari ;

2° Le Marié et sa belle-mère ;

8° Le père et la mère de la Mariée ;

4° Le premier témoin avec une parente de la
Mariée ou du Marié ;

5° Le deuxième témoin, également avec une
parente de la Mariée ou du Marié ;

6° Le troisième témoin avec une parente ou
une amie de la famille ;

7° Le quatrième témoin, également avec une
parente ou une amie de la famille.

Les autres invités suivent, autant que possible,
dans l'ordre adopté pour se rendre à l'église.

Arrivée à la Maison où le repas doit avoir lieu.

Les voitures, en arrivant devant l'entrée de
la maison où le repas doit avoir lieu, s'arrêtent
tour à tour, c'est-à-dire que la deuxième vient
occuper la place de la première, quand les
personnes qui occupaient cette dernière en son

descendues; toutes les autres avancent d'un pas,
et, successivement, viennent occuper cette
même place; là seulement, chacun met pied à
terre; un monsieur en descend d'abord, puis
une dame, et ainsi de suite, afin que chacun des
messieurs puisse aider une dame à en descendre
en lui présentant la main.

DU REPAS DE NOCE

Si le Repas de Noce se faisait dans un restaurant spécial, nous n'aurions pas à en arler, car les restaurateurs, habitués à l'apparat des grands diners et des repas de noces, savent parfaitement comment les choses s'établissent.

Nous ne parlerons donc ici du Repas de Noce que pour le cas où il serait donné chez soi. D'ailleurs, il ne diffère guère des dîners de gala donnés, dans diverses circonstances, par certaines familles; mais comme ces familles ne sont pas en majorité, même prises parmi celles susceptibles, à l'occasion d'un mariage, de donner le Repas de Noce chez elles, nous nous permettrons d'entrer dans quelques détails qui pourront paraître superflus pour les uns, mais qui, pour d'autres, seront susceptibles d'être bien accueillis.

Donc, ce que nous dirons ici, quant au diner d'un mariage, ne pourra concerner que les personnes non initiées; nous espérons leur être utiles, et, peut-être, nous sauront-elles quelque gré d'entrer pour elles spécialement dans le vif de la question.

D'abord, il est absolument indispensable de connaître exactement le nombre des convives, afin de pouvoir ordonnancer en conséquence le salon où le dîner aura lieu, pour que le service puisse se faire sans gêner les invités, et aussi pour pouvoir placer les couverts en raison de ce nombre. — Il est donc absolument nécessaire que les invités répondent affirmativement ou négativement à l'invitation qui leur a été faite, car, qu'ils le sachent bien, ne pas répondre n'est pas une acceptation comme certains le prétendent.

Le couvert doit être mis au moins une heure ou deux d'avance, de façon à pouvoir parer aux omissions qui pourraient être faites. — Il ne faut pas oublier de placer au milieu de la table une corbeille ou un surtout de plats, car cela donne beaucoup de gaîté et garnit bien la table. Avant l'heure du dîner, le maître de la maison où le diner a lieu indique à chaque invité la dame à laquelle il doit donner le bras pour la conduire à table.

Lorsque le dîner est annoncé, la maîtresse de la maison se lève et prend d'elle-même le bras du personnage le plus considérable ou le plus âgé qui se trouve dans le salon. De son côté, le maître de la maison offre son bras à la dame la plus âgée, et passe le premier de tous dans la salle à manger; les autres suivent dans l'ordre qui leur plaît, et la maîtresse de la maison vient la dernière.

Arrivés dans la salle du festin, chaque convive cherche la place qui est marquée par une carte sur laquelle se trouve son nom. — Il est bon que le menu du dîner soit imprimé sur cette carte, mais cela n'est pas obligatoire.

Quelle est la place que chacun doit occuper
à table?

La place occupée à table par les Mariés et les parents varie en raison des localités.

Ainsi, par exemple, à Paris, étant donné que la table du festin figure un rectangle ou un ovale, le Marié et la Mariée sont placés en face l'un de l'autre, mais non aux extrémités, lesquelles sont réservées au Garçon d'honneur et à la Demoiselle d'honneur.

La Mariée a son beau-père à sa gauche et sa belle-mère à sa droite.

Le Marié a également son beau-père à sa gauche et sa belle-mère à sa droite.

Les parents les plus proches des Mariés n'en sont distancés que le moins possible, sans cependant laisser subsister le rapprochement immédiat de deux dames ou de deux messieurs; cela ne peut être toléré qu'à la dernière rigueur.

Quand dans la société se trouvent des personnes considérables ou auxquelles spécialement on désire faire honneur, ces personnes sont placées près des parents de la Mariée ou du Marié.

Ce mode de placer les convives est, nous le répétons, particulier à Paris; mais il n'est pas défendu, en province, de l'adopter si on le juge à propos.

Dans l'ouest de la France, à Nantes, par exemple, voici comment les places sont occupées (nous supposons la table de forme ovale) :

Le Marié ayant la Mariée à sa droite occupent, l'un près de l'autre, l'une des extrémités.

A l'autre extrémité se tiennent le Garçon et la Demoiselle d'honneur, laquelle a le Garçon d'honneur à sa gauche.

Sur les côtés, en face le centre de la table, se tiennent, l'un près de l'autre, savoir :

D'un côté (le plus près du marié), le père de la mariée ; à sa droite, la mère du marié ;

De l'autre côté (le plus près de la mariée), le père du marié ; à sa droite, la mère de la mariée.

Ainsi placés, le père de la mariée fait face à la mère du marié ; le père du marié à la mère de la mariée.

Nous pensons que ces deux usages pourront suffire, pour suppléer, au besoin, à celui d'une localité qui pourrait paraître moins satisfaisant.

Enfin, et pour nous résumer, nous dirons, aussi bien pour les repas de noces que pour les dîners de société, que, à part les places principales consacrées par l'usage que l'on veut suivre, il importe de placer ses convives de manière à éviter les froissements et les antipathies si fréquentes dans le monde, très peu sensibles à la vérité, mais qui n'en existent pas moins. Il y a des cas où il est nécessaire de ne pas trop tenir compte des questions d'étiquette ; il faut avant tout éviter certains chocs, de façon à faire régner la gaieté, la cordialité et cet air de contentement, si agréable à contempler dans un dîner bien compris. Pour cela il n'y a vraiment pas de règles fixes; c'est à chaque maîtresse de maison, qui seule connaît son monde, à ménager les petites susceptibilités de chacun de ses convives.

Quand le dîner est fini, la maîtresse de la maison se lève; les invités se lèvent aussi, et suivent au salon la maîtresse; le maître de la maison y entre le dernier.

Diverses manières de servir à dîner chez soi.

Pour ce chapitre, comme pour certains autres qui précèdent et qui suivent, nous avons cru devoir laisser la parole à une plume bien plus autorisée que la nôtre, Madame Blanche de Géry, qui, dans son *Nouveau Traité de Savoir-Vivre*, ouvrage aussi remarquable qu'intéressant, édité par Emile Thirion, à Paris, décrit la manière de servir à dîner à la française et à la russe :

Dîner à la Française.

Tous les plats se mettent à la fois sur la table. De la sorte, chaque convive voit le menu et peut faire son choix. La belle ordonnance du dîner paraît tout entière ; mais il faut autant de réchauds que de plats, et l'inconvénient est que, malgré les réchauds, les mets refroidissent et perdent leur fumet et leur qualité. C'est l'ancienne façon de servir, qui est presque totalement abandonnée, excepté dans quelques châteaux dont la grandeur des pièces et la beauté de l'argenterie permettent ce luxe.

Autre Dîner à la Française.

Le dîner à la française se compose de trois services :

PREMIER SERVICE.

Les entrées du potage, du relevé du potage, des entrées et des hors-d'œuvre.

Le relevé est le bœuf bouilli ou autre grosse pièce ; les entrées sont des plats solides de viandes, gibiers, volailles, poissons, presque tous avec sauce, ragoût ou purée ; les hors-d'œuvre sont les anchois, huîtres, thon mariné, crevettes, sardines, olives, beurre, radis, etc.

DEUXIÈME SERVICE.

L'Entremets

Il se compose du rôt, des entremets chauds

et froids et des salades. Les entremets sont plus légers que les entrées et se composent de poissons frits, un second rôt, pâtisseries, légumes, œufs, crêmes, et autres entremets sucrés.

TROISIÈME SERVICE *(Le Dessert).*

Ce dessert doit être composé de choses friandes et de vins délicats.

Un dîner ainsi ordonnancé comprend une quantité incroyable de plats, et il serait trop long d'entrer dans tous les détails qu'un pareil service peut comporter.

Dîner à la russe.

On ne met sur la table que les desserts, les coupes, les fruits, etc. On place au milieu de la table une corbeille ou un surtout de plats ; cela donne beaucoup de gaieté et garnit bien une table. Quant aux plats, ils viennent sur la table les uns après les autres et dans l'ordre voulu, puis ils sont immédiatement enlevés et découpés par le maître d'hôtel. C'est pourquoi on est obligé d'avoir un menu imprimé.

Il existe une autre manière qui consiste à mettre sur la table chaque service qu'on enlève au fur et à mesure, et qu'on remplace par le service suivant. Cette façon est du reste peu en usage.

Considérations générales sur les Dîners.

Il est très important de composer le menu de son dîner selon le goût des personnes que l'on invite ; il est vrai que l'on ne connaît pas toujours ce goût, mais il est de certaines règles qu'il est facile de suivre, comme par exemple, s'il y a plus d'hommes que de femmes, de servir plus de fortes viandes que de petits plats ; si, au contraire, les femmes dominent, ce sont les petits plats fins et délicats qui auront le plus de chance de leur plaire : les entremets, les desserts variés, etc., etc. De même pour les vins, les femmes n'y connaissent pas grand' chose et préfèrent toujours les vins sucrés, tandis que les hommes sont meilleurs dégustateurs et savent apprécier la différence des bons crus et l'influence des années sur le vin.

Quand on donne à dîner, il importe avant tout de se préoccuper de la bonté des mets, tout en satisfaisant les goûts de ses invités ; il faut songer qu'un seul plat délicatement apprêté a beaucoup plus de valeur qu'un grand nombre de médiocres. Quand on n'a pas assez de place, soit comme local ou comme cuisine, office, etc., il faut bien se garder de se lancer dans des complications de services.

Il en est de même pour les vins ; mieux vaut ne servir qu'un bon vin ordinaire que de rendre ses convives malades en leur servant du vin de Madère fabriqué avec une décoction de fleurs séchées ou du Château-Laffite acheté chez l'épicier.

Un des meilleurs systèmes pour ceux qui ne possèdent pas une cave très bien garnie est de faire servir du Champagne frappé du commencement à la fin du dîner ; quelques carafes suffisent pour cela, et le Champagne est extrêmement sain en mangeant ; cela vaut mille fois mieux pour l'estomac que les mélanges de différents vins hétéroclites.

Dans quel ordre les vins doivent-ils être servis ?

D'abord il est d'usage de donner pendant toute la durée du dîner de bon vin rouge : Bordeaux, Bourgogne ou vin de l'Orléanais, Beaugency, Saint-Denis et Saint-Aly.

Le Beaune et le Pomard, le Volney, le Clos-Vougeot, Chamberlin et la Romanée, Saint-Emilion, Piepouille, Château-Grillé, Côte-Rôtie, l'Ermitage, Saint-Gilles et Tavel, leur sont supérieurs et peuvent arriver après eux.

Les vins blancs de Grave, Madère sec, et

autres vins secs et très forts, sont servis avec le poisson et les entrées.

Au second service viendront ceux cités plus haut; en général tous les Bordeaux, Barsac, Ségur, Sauterne, Médoc; les Bourgogne, Mont-Rachet, Meursault; les vins de la côte du Rhône, les Condrieux, Saint-Pérey, etc. Le Champagne non frappé perd ses qualités agréables aussitôt que l'on a goûté aux sucreries; il faut donc restreindre son apparition à partir du rôt jusqu'au fromage. Quand on aura entamé les fruits et les sucreries, on servira les vins spiritueux et liquoreux du Roussillon, du Languedoc, de la Province et de l'Espagne : Rivesalte, Lunel, Grenache, Malvoisie, Frontignan, Malaga, Alicante. Tel, à peu près, doit être l'emploi des vins à table.

Ne pas oublier que les vins de liqueur se conservent dans une armoire et debout, et que le Bordeaux demande un léger degré de chaleur.

Les Bourgogne, au contraire, doivent être bien frais, mais sans être à la glace cependant.

Du repas de noces des travailleurs.

Ce livre a été publié, afin d'être utile à tous, aussi bien à la classe riche qu'à la classe bourgeoise; aussi bien pour l'industriel et le commerçant que pour le modeste ouvrier.—Chacun, à un moment donné dans la vie, cherche à s'unir et chacun aussi, quelle que soit sa position sociale, quand vient le jour solennel de son mariage, apporte au dîner qui réunit autour de lui ses parents et ses amis, un luxe relativement inusité.

Nous comprenons fort bien que dans la classe riche on fasse, à l'occasion de son mariage, de grandes dépenses; que l'on donne carrière à ses moindres caprices. En agissant ainsi, on fait ce que l'on doit faire; agir autrement serait une faute. — Mais l'humble travailleur, à qui la fortune n'a pas encore accordé son gracieux sourire, est forcé de restreindre ses fantaisies ; il ne doit pas dépasser les limites de son budget.

Or, dans la description des dîners qui précèdent, il n'aura que peu à prendre ; nous lui conseillons donc, tout en faisant le petit extra nécessaire en ce jour solennel, de compter avec ses moyens, et de ne pas se laisser aller à des dépenses trop superflues qu'il ne tarderait pas à regretter.

Un excellent pot-au-feu, le relevé, un plat solide de viande rôtie, une volaille et un poisson, puis salade et desserts variés constituent un excellent dîner, quand tout cela est arrosé d'un bon vin ordinaire pris modérément et suivi d'un succulent café.

Toutefois, aussi bien que l'opulent, il peut avoir des parents nombreux, et nombreux aussi peut être le nombre de ses amis. — Toutes ces personnes qui lui sont chères, il tient le jour de ses noces à les voir réunies à sa table, et pour leur être agréable autant qu'à lui-même, il veut faire les choses comme il convient.

Qu'il soit donc fait suivant son désir (une fois n'est pas coutume), et que, comme dans les grands dîners, il leur assigne à chacun, à sa table, que cette table soit dans un restaurant ou au domicile de sa famille, la place qu'il appartient à chacun d'occuper.

Voilà pourquoi, si le travailleur ne peut offrir le faste de la table du riche, sa gaîté n'en sera pas moindre, et l'agencement de plus riche que lui qu'il peut au moins adopter en ce jour, lui procurera néanmoins, à lui et à toute l'assistance, un plaisir d'autant plus grand qu'il n'y est pas habitué.

Les chants au dessert chez les travailleurs.

Le repas de noces des travailleurs a cela de particulier que, à l'encontre de celui des gens fortunés, les chants, au dessert, se font entendre;

pour eux, cela n'est pas la moindre attraction du jour.

Chacun, à la ronde, est invité à chanter romance ou chansonnette; il y a bien parfois quelque hésitation chez certains; mais, sur les instances de tous, on finit, la plupart du temps, par se décider. Qu'on ait bien ou mal chanté, la complaisance du chanteur est toujours récompensée par les applaudissements unanimes de l'assistance.

Tout le monde n'est pas d'accord sur l'adoption du système qui consiste à terminer un dîner par une série de chants ininterrompus et, disons-le, pas toujours mélodieux. — Mais, puisque les travailleurs y trouvent leur agré· ment, gardons-nous d'y contredire, surtout étant donné le tact des convenances dans le choix des chansons dont ne saurait se départir tout travailleur ayant le sentiment de sa propre dignité.

D'ailleurs, il faut le reconnaître, s'il s'en trouve parmi eux dont le sentiment musical n'est pas très développé, en revanche, il en est qui possèdent ce sentiment à un degré supérieur, qui chantent avec beaucoup de goût, et dont la voix est fort agréable. Pour ceux-ci, malheureusement, l'accompagnement fait défaut, et, n'était cela, bon nombre d'amateurs qui, dans les salons, se retirent en pareille circonstance pour entendre l'interprétation des grands maîtres (qui, soit dit en passant, laisse souvent à désirer), goûteraient au milieu d'une honnête société d'artisans un charme réel.

Ne blâmons donc pas ces chants de fête dont la licence est toujours écartée; encourageons-les même, si faire se peut. Le temps manque à l'ouvrier pour l'étude : il ne peut chaque jour, en dehors du labeur qui procure l'existence à sa famille, se livrer à son plaisir favori. Quand, exceptionnellement, en un jour de mariage, par exemple, il peut, oubliant momentanément ses soucis, se délecter par des chants s'harmonisant avec son tempérament, n'y trouvons pas à redire. Quand l'honnête ouvrier chante, réuni à ses parents et à ses amis, il est heureux; ne lui enlevons pas ce bonheur !

De la Jarretière de la Mariée.

L'usage ridicule, pour ne pas dire plus, permettant au garçon d'honneur de se glisser sous la table à la fin du dîner pour s'emparer de petits rubans de couleurs, noués négligemment par la Mariée un peu au-dessus de la chaussure, est tombé dans la désuétude la plus complète, à la ville du moins.

Nous ne pouvons qu'y applaudir, car cette mode, d'un goût douteux, donnait parfois prétexte à des plaisanteries de mauvais aloi, toujours réprouvées par les gens bien élevés.

Ces rubans omnicolores étaient ensuite coupés par petites longueurs et distribués aux invités, qui les fixaient à leur boutonnière en guise de décoration.

DU BAL

En outre des invités pour le repas, lesquels naturellement doivent assister au bal, d'autres invitations peuvent aussi être faites, et cela au moins quinze jours à l'avance. — Les personnes auxquelles ces invitations sont adressées doivent faire connaître, aussitôt qu'elles le peuvent, si elles comptent honorer le bal de leur présence, afin que, s'il y a lieu, on puisse en temps voulu leur envoyer la voiture qui doit les y amener. — Il est indispensable que le nombre des cavaliers soit de beaucoup supérieur à celui des danseuses; s'il en est autrement, on risque fort d'introduire l'ennui dans la salle du bal. — Il faut l'éviter à tout prix.

Une salle de bal doit être débarrassée de tous les meubles qui tiennent de la place, et tous ceux qui contiennent des bibelots et autres objets de valeur doivent également disparaître, de façon qu'il n'y ait dans les salons de danse que des chaises volantes ou des canapés très étroits.

Elle doit être très bien éclairée : l'éclairage *a giorno* est celui qui convient le mieux.— Si les danseurs sont nombreux, un orchestre est nécessaire, car la sonorité d'un piano ne franchit que la moitié d'une grande pièce, et les malheureux danseurs qui sont à l'autre bout, n'entendant absolument rien, sont forcés de danser de confiance.

Les parents des mariés devront veiller à ce que les jeunes gens s'occupent des jeunes personnes tant soit peu disgracieuses, et qu'ils n'oublient même pas les dames d'un âge respectable qui ont encore la faiblesse d'aimer la danse.

Les rafraîchissements se composent de punch chaud, de petites glaces, de mousses de café à la glace, d'oranges glacées et de sirops de toutes sortes. — S'il n'y a pas de buffet, il faut ajouter des pâtisseries.

Le buffet, qui fait la joie de ceux qui ne dansent pas, est toujours assiégé. — Il importe qu'on y trouve des viandes froides : galantines, pâtés de foie gras, sandwichs, jambons glacés, et des vins de Bordeaux, de Xérès, de Madère, d'Alicante, etc., thé, chocolat et consommé. Ce dernier est très-important pour remettre l'estomac fatigué des danseurs, et le bouillon est apprécié par tous les invités; rien n'est plus tonique pour aider à passer la nuit.

Le souper se sert avant ou après le cotillon.

Entre parenthèses, disons que le chiffre des diverses figures de cette danse, aujourd'hui en vogue, est de 109, et que, par conséquent, un bon meneur de cotillon est rare.

Voici les noms des dernières figures : la plume au vent, la ville charmante (avec décoration), le service à thé, la leçon de musique, le banc brisé, la tour prends garde, les poteaux indiens, les lanternes multiples, les rois de l'arbalète, les talismans, les sabots de Noël, les pilules du diable, la mouche d'or, les papillons.

Quand il n'y a pas de buffet, il est préférable de servir le souper avant le cotillon ; quand il y a un buffet, il vaut mieux le servir après.

Il est bien préférable de supprimer le souper

que d'installer les dames seules à table ; elles s'ennuient ordinairement beaucoup ; et pour qu'un souper soit gai, il faut organiser des tables de six personnes, autant d'hommes que de femmes, et laisser chacun se placer à sa guise.

Il est utile de tâcher de savoir d'une façon adroite quels sont ceux qui restent au souper, afin de se régler sur le nombre des convives pour celui des tables à servir.

Un souper se compose de pièces froides du buffet et de quelques pièces chaudes, gibier, etc. Quelques truffes sous la serviette ne font pas mal non plus. Il est indispensable de le faire commencer par un bon potage gras et quelques hors-d'œuvre : caviar, sardines et olives.

Nota. —Les maîtres de la maison feront bien de s'arranger pour avoir un certain nombre de voitures, qui stationneront devant la porte pendant toute la nuit.

Du Bal de Noces des travailleurs.

Il est bien entendu que tous les détails qui précèdent ne regardent en rien le bal de noce des travailleurs. — Pour ceux-ci, point n'est besoin de tout cela pour se bien divertir. —

D'ailleurs, si le dîner a été fait au restaurant, la salle est là toute prête qui attend les danseurs de même que les musiciens de l'orchestre prévenus à temps par le maître de l'établissement.

Lorsque l'heure du bal est proche, la porte de la salle s'ouvre, et le garçon et la demoiselle d'honneur, ainsi que les parents des mariés et les mariés eux-mêmes sont là pour recevoir aimablement les invités. — Le moment venu, le bal commence, et la personne la plus en honneur en fait l'ouverture avec la mariée.

Ici le buffet est en permanence. — Si la position sociale des mariés le permet, les consommations qui y sont prises peuvent être à leur charge. — Dans le cas contraire, et c'est ce qui a lieu le plus souvent, les dépenses se partagent entre tous les invités; parfois même, elles se paient au fur et à mesure ; suivant nous, ce dernier mode entre travailleurs devrait prévaloir, car il coupe court à tous les comptes et explications de la fin, qui demandent toujours un assez long temps, précisément à l'heure où chacun ne demandent pas mieux que de regagner son domicile.

De l'Ambigu.

Le bal de noce des travailleurs est aussi interrompu vers minuit par le souper, qu'on désigne à Paris sous le nom de *Ambigu*. Tous les danseurs et danseuses sont appelés à y participer, sans toutefois y être contraints. Les frais qu'a suscités l'Ambigu sont partagés exclusivement par les cavaliers qui y ont pris part, frais qui, la plupart du temps, sont aussi réglés immédiatement, afin d'éviter que, par erreur, ils se confondent avec les dépenses de rafraîchissements et autres, complètement en dehors, faites avant ledit Ambigu et pouvant aussi se continuer après lui.

Du Dîner de Noces des Campagnards.

Nous n'avons rien à dire du dîner de noces des habitants de la campagne qui varient en raison des pays. Toutefois, chacun est d'accord pour reconnaître qu'il y règne un entrain remarquable, et que cette façon de faire ne laisse pas que d'apporter une grande gaîté parmi les assistants toujours très nombreux.

DES VISITES

Une nouvelle habitude très pratique, mais suivant nous très peu courtoise, née d'un voyage brusque et précipité, consiste à supprimer complètement les visites de noces.

Dans la huitaine qui suit la cérémonie du mariage, on envoie à chaque personne à qui cette visite est due, une carte dite *carte de mariage*, sur laquelle sont gravés les noms : 1° du père et de la mère du Marié; 2° du père et de la mère de la Mariée ; 3° des nouveaux Mariés.

Ceux qui reçoivent cette carte ne sont tenus à aucune visite; par conséquent, les relations pour l'avenir se trouvent ainsi brisées.

Suivant nous, cette habitude est on ne peut plus déplorable. — Comment ! afin d'être agréables aux Fiancés et à leurs familles, on a déserté ses affaires, on a fait des dépenses de toilette de toutes sortes, on s'est donné des ennuis enfin pendant plusieurs mois, et, comme dédommagement, on se refuserait même à vous faire une visite ! — Cela n'est pas admissible ni dans nos mœurs, et les gens sensés seront de notre avis.

Avant tout, il faut être courtois.

Dans un délai aussi rapproché que possible, les Mariés ont pour devoir de faire une visite de cérémonie aux personnes qui ont bien voulu se rendre aux invitations qui leur avaient été faites à l'occasion du Mariage ; aussi bien à celles qui n'ont assisté qu'à la bénédiction nuptiale, qu'à celles invitées à la bénédiction nuptiale et au repas, voire même à celles dont l'invitation n'avait été faite que pour le bal.

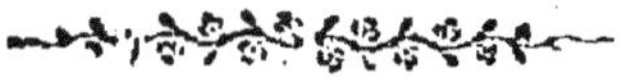

DU VOYAGE DE NOCE

Depuis un certain nombre d'années, il existe
pour les jeunes Mariés, un usage qui consiste,
le jour même de la noce, parfois même après un
lunch qui a lieu ordinairement à la maison des
parents de la Mariée, à quitter la société réunie
pour fêter le Mariage, et à s'enfuir pour une
contrée souvent lointaine.

Nous n'hésitons pas, pour notre part, à blâmer
complètement cette façon d'agir, et nous persis-
tons à penser que la déférence que l'on doit à
ses invités et à sa nouvelle famille s'oppose à

celte fugue qu'aucune raison sérieuse ne peut justifier.

Nous ne nous dissimulons pas qu'en nous prononçant si ouvertement sur ce point, nous nous trouverons en désaccord avec la plupart des jeunes Mariés opulents; mais, au risque de nous attirer leur courroux, nous tenons, dans leur propre intérêt, à leur conseiller de ne pas adopter cet usage.

Nous croyons qu'il convient mieux à tous les points de vue, et qu'il est même beaucoup plus agréable de s'aimer et de s'habituer l'un à l'autre chez soi où le confortable existe, que d'aller de ville en ville et d'hôtel en hôtel chercher des distractions dont on n'a que faire dans la circonstance.

Nous affirmons que, pour des jeunes époux, l'agrément de ces voyages est un leurre; qu'on ne saurait obtenir de ces excursions inopportunes que des fatigues, se traduisant d'abord par des malaises, mais qui, le plus souvent, dégénèrent en maladie, cause évidente d'une rupture brusque avec ses habitudes et un genre de vie diamétralement opposés.

TABLE DES MATIERES

RÈGLES ET USAGES

DE LA TOILETTE

RENSEIGNEMENTS DIVERS

DU JOUR DU MARIAGE

DÉPART POUR LA MAIRIE

DÉPART DE L'ÉGLISE

DU REPAS DE NOCE

Nantes, imp. de Paul Plédran, quai Cassard, 5.

CHOIX DE RECETTES UTILES

PUBLIÉ PAR

Paul PLÉDRAN, imprimeur à Nantes.

EXTRAIT DE LA TABLE

Moyen de préserver la vigne des gelées printanières.

Guérison des chevaux couronnés.

La chasse aux escargots.

Moyen de conserver des fruits entamés.

Indication du vrai moment de couper le blé.

Réparation facile à un arrosoir.

Moyen de reconnaître si le vin rouge a été coloré artificiellement.

Moyen de reconnaître si les pommes de terre sont malades.

Moyen pour la guérison de la gale en deux heures.

Les loches qu'il ne faut pas tuer.

Moyen pour se débarrasser des rats.

Remède pour les yeux fatigués.

Autre remède pour les yeux fatigués.

Moyen pour nettoyer la soie noire fanée.

Moyen pour guérir les boutons du visage avec du jus de fraise.

Procédé héroïque pour détruire les punaises.

Moyen de remettre en marche les machines à coudre cambouisées.

Moyen simple d'enlever les taches d'encre sur le linge.

Moyen pour la conservation de la viande ou du gibier.

Moyen de guérir les panaris.

Recettes pour enlever les taches de rouille du linge.

Recettes pour préserver les animaux de la piqûre des mouches.

Moyen pour nettoyer les fers à repasser qui se sont rouillés.

Simple remède contre le rhumatisme.

Moyen de reconnaître si un étamage est fait dans de bonnes conditions.

Nettoyage des cadres dorés.

Bonne mesure à prendre à l'égard des œufs frais.

Recette pour la guérison du vin aigre.

Moyen pour éloigner les mouches des dorures.

Moyen de faire un mastic pour coller le verre et la porcelaine.

Procédé pour rendre leur fraîcheur aux graisses et aux beurres rancis.

Recette contre les taches de rousseur sur la figure.

Moyen d'assainir l'air d'une chambre.

Procédé pour guérir la rage par l'ail.

La glycine est un poison.

Moyen de conserver les œufs à l'état frais, au moins pendant un an.

Moyen pour faire une boisson économique, etc., etc., etc.